Christian Stang

So schreiben Sie korrekt!

Christian Stang

So schreiben Sie korrekt!

Die Regeln der Rechtschreibung

Berücksichtigt die Änderungen 2024

OLMS – WEIDMANN

Zeichnungen im Innenteil: Astrid Holzamer
Foto auf der 4. Umschlagseite: Julia Knorr

Bibliografische Information der Deutschen Nationalbibliothek
Die Deutsche Nationalbibliothek verzeichnet diese Publikation in der Deutschen Nationalbibliografie; detaillierte bibliografische Daten sind im Internet über http://dnb.d-nb.de abrufbar.

www.weidmann-verlag.de
Printed in Hungary
Gedruckt auf säurefreiem und alterungsbeständigem Papier
Satz und Covergestaltung: Michael Schmitz, Hildesheim
Herstellung: Interpress GmbH, Ungarn
ISBN 978-3-615-00474-8

INHALT

Die Großschreibung

Das **erste Wort** eines **vollständigen Satzes** wird **großgeschrieben**.

> Am Satzanfang schreibt man groß.
>
> Der Ratgeber „So schreiben Sie korrekt!" informiert über die wichtigsten Regeln der Rechtschreibung.

Groß- und Kleinschreibung nach dem Doppelpunkt

- vollständiger Satz nach dem Doppelpunkt

  → **Großschreibung**

  Die Regel lautet: Am Satzanfang schreibt man groß.

- kein vollständiger Satz nach dem Doppelpunkt

  → **Kleinschreibung**

  Deutsch: sehr gut

Das **erste Wort** in **Überschriften** und **Titeln** wird **großgeschrieben**.

> Wenn der Beruf zur Berufung wird (Überschrift)
>
> Es kommt anders, wenn man denkt! (Buchtitel)

Substantive werden **großgeschrieben**.

> Frau, Mann, Kind, Hund, Maus, Birne, Freundschaft, Liebe, Notebook, Atmosphäre, Zucchini

Substantivierte Wörter werden **großgeschrieben**.

Dies gilt für

- Verben

  das Schreiben,
  auch: das Autofahren, das Eislaufen

- Adjektive/Partizipien

  alles **G**ute, nichts **N**eues; wenig **E**rheiterndes

- Zahladjektive

  einen **E**inser in Mathe, am **E**rsten des Monats

- Adverbien

  das **H**in und Her, das **D**urcheinander

- Präpositionen/Konjunktionen

  das **F**ür und **W**ider; ohne **W**enn und **A**ber, das **E**ntweder-oder

- Interjektionen

  das **O**h, das **T**rara, mit **A**ch und **W**eh

Großschreibung bei Paarformeln und Redewendungen

Auch hier wird **großgeschrieben**:

- **Paarformeln:**

  Arm und **R**eich, **J**ung und **A**lt, **G**roß und **K**lein

- **Redewendungen:**

  auf dem **L**aufenden bleiben, im **D**unkeln tappen, den **K**ürzeren ziehen, auf dem **T**rockenen sitzen

Aber:

über **k**urz oder **l**ang,
durch **d**ick und **d**ünn,
von **n**ah und **f**ern

Eigennamen werden **großgeschrieben**.

Dies gilt für

- Personennamen

  Gustav Langenscheidt, Friedrich Schiller

- historische Ereignisse und Epochen

  der Erste Weltkrieg, das Viktorianische Zeitalter

- geografische Namen

  Deutschland, München, die Schwäbische Alb

- Namen von Institutionen, Behörden u. dgl.

  Erstes Deutsches Fernsehen, Deutsche Bahn

- Sternbilder und Planeten

  Kleiner Wagen, Großer Bär; Merkur, Venus

- Titel und Ehrenbezeichnungen

  der Heilige Vater, die Königliche Hoheit

Abgeleitete Adjektive von Personennamen

- **Normalfall: Kleinschreibung:**

  grimmsche Märchen, ohmsches Gesetz

- **Alternative: Großschreibung + Apostroph**

  Grimm'sche Märchen, Ohm'sches Gesetz

Geografische Namen auf „-er“ und „-isch“

- **„-er“ → Großschreibung**

  Frankfurter Würstchen,
  Schweizer Käse

- **„-isch“ → Kleinschreibung**

  badischer Wein,
  französisches Baguette

Aber:

Bayerischer Wald, **I**ndischer Ozean

Das **Anredepronomen Sie** und das entsprechende **Possessivpronomen Ihr** werden **großgeschrieben**.

> Wir möchten **I**hnen für **I**hr Schreiben danken und würden uns freuen, **S**ie bald persönlich begrüßen zu dürfen.

Die **Anredepronomen du** und **ihr** (Plural) sowie die entsprechenden **Possessivpronomen dein** und **euer** werden **kleingeschrieben**.
In **Briefen** und **E-Mails** ist **auch Großschreibung** möglich.

Wir möchten dir für dein Schreiben danken und würden uns freuen, dich bald persönlich begrüßen zu dürfen.

In **Briefen** und **E-Mails** auch:

Wir möchten Dir für Dein Schreiben danken und würden uns freuen, Dich bald persönlich begrüßen zu dürfen.

Das Reflexivpronomen „sich"

wird **immer kleingeschrieben.**

An diese Regel wird sich mancher erinnern.

Die Kleinschreibung

Alle Wörter, bei denen es sich um **keine Substantive** handelt, werden **kleingeschrieben**.

Dies gilt für

- Verben

  essen, trinken, singen, tanzen, springen

- Adjektive/Partizipien

  groß, klein, dick, dünn; essend, gesprochen

- Artikel

  der, **d**ie, **d**as, **e**in, **e**ine

- Pronomen

  ich, **d**u, **e**r, **s**ie, **e**s, **w**ir, **i**hr, **m**ein, **d**ein

- Adverbien

  jetzt, **h**eute, **o**ben, **u**nten, **g**ern, **d**eshalb

- Präpositionen

  in, **m**it, **a**n, **a**uf, **z**u, **b**ei, **u**m, **f**ür, **a**us, **v**or

- Konjunktionen

  und, **o**der, **a**ber, **d**och, **w**eil, **a**ls, **w**ie

- Interjektionen

  ach, **a**h, **o**ho, **a**u, **o**h, **h**ui, **p**fui, **h**oppla

Wörter, die ihre **Aufgabe als Substantiv verloren** haben, werden **kleingeschrieben**. Man spricht von **Desubstantivierungen**.

> **m**orgens, **a**bends, **s**onntags;
> **k**raft, **l**aut, **s**tatt, **t**rotz;
> ein **b**isschen

Adjektive/Partizipien und **Pronomen**, die sich auf ein **vorausgehendes** oder **nachfolgendes Substantiv** beziehen, werden **kleingeschrieben**.

Das neue Smartphone ist leichter als das **a**lte.
(= Das neue Smartphone ist leichter als das **a**lte Smartphone.)

Gegartes Fleisch ist angeblich gesünder als **g**ebratenes.
(= Gegartes Fleisch ist angeblich gesünder als **g**ebratenes Fleisch.)

Ihr Schreibtisch stand direkt neben **m**einem.
(= Ihr Schreibtisch stand direkt neben **m**einem Schreibtisch.)

Superlative mit **am** werden **kleingeschrieben**, wenn man mit **wie?** danach fragen kann.

Von allen Regeln ist diese am **l**eichtesten zu erlernen.

Der erste Bewerber war am **b**esten.

Superlative mit **aufs** können **groß- oder kleingeschrieben** werden, wenn man mit **wie?** danach fragen kann.

> Wir heißen alle aufs **H**erzlichste/**h**erzlichste willkommen!
>
> Das ist aufs **S**chärfste/**s**chärfste zurückzuweisen.

Pronomen werden auch als **Vertreter eines Substantivs kleingeschrieben.**

> Das haben die **b**eiden zu verantworten.
>
> Dafür hat er **a**lles getan.
>
> Über diese Entscheidung war **m**ancher erstaunt.
>
> Nun wird **j**eder diese Kleinschreibung beherzigen.

Die Zeitangaben vorgestern, **gestern**, **heute**, **morgen** und **übermorgen** werden **kleingeschrieben.**

> Wir treffen uns **h**eute.
>
> Die Regelung tritt **m**orgen in Kraft.

Tageszeiten nach den Adverbien **vorgestern**, **gestern**, **heute**, **morgen** und **übermorgen** werden dagegen **großgeschrieben**.

> vorgestern **M**ittag, gestern **M**orgen, heute **N**achmittag, morgen **V**ormittag, übermorgen **N**acht

Das Adverb „früh“

kann nach **vorgestern**, **gestern**, **heute**, **morgen** und **übermorgen** **klein- oder großgeschrieben** werden.

gestern **f**rüh/**F**rüh, heute **f**rüh/**F**rüh

Verbindungen aus ... + Verb

Verbindungen aus **Verb + Verb** werden im Normalfall **getrennt** geschrieben.

> laufen lernen, spazieren fahren,
> lesen können

„bleiben“ und „lassen“

können **getrennt oder zusammengeschrieben** werden.

Voraussetzung:
übertragene Bedeutung

Der Schüler wird wohl in diesem Schuljahr sitzen bleiben / sitzenbleiben (= nicht versetzt werden).

Aber:
Der Schüler muss auf dem Stuhl sitzen bleiben.

Gerade in dieser Situation hat sie ihren Freund hängen lassen / hängenlassen (= im Stich gelassen).

Aber:
Das Plakat sollten Sie hier hängen lassen.

Verbindungen aus **Substantiv + Verb** werden **getrennt** geschrieben, wenn das Substantiv als **eigenständig** betrachtet wird.

Auto fahren, Ski laufen,
Kaffee trinken

Aber: das Autofahren
(siehe Seite 8)

Verbindungen aus **Adjektiv + Verb** werden **zusammengeschrieben**, wenn dadurch eine **neue Gesamtbedeutung** entsteht.

Diesen Betrag werden wir sofort Ihrem Konto gutschreiben (= als Guthaben überweisen).

Aber:
Dieser Autor kann gut schreiben.

Das Gericht wird den Angeklagten freisprechen (= vom Vorwurf der Anklage befreien).

Aber:
Die Schülerin wird bei ihrem Referat frei sprechen.

Verbindungen aus **Adjektiv + Verb** können **getrennt oder zusammengeschrieben** werden, wenn das Adjektiv das **Resultat eines Vorgangs** oder **Zustands** ausdrückt.

> Der Schreiner wird das Brett glatt hobeln / glatthobeln.
>
> Im nächsten Arbeitsschritt müssen Sie den Ingwer klein schneiden / kleinschneiden.

Verbindungen aus **Präposition + Verb** werden **zusammengeschrieben**.

> anrufen, überdenken, unterwerfen, gegenlesen

Verbindungen aus **Adverb + Verb** werden **zusammengeschrieben**, wenn die **Betonung** auf dem **ersten** Bestandteil liegt.

> abwärtsfallen, aufeinanderstapeln, herbeieilen

Verbindungen aus **Adverb + Verb** werden **getrennt** geschrieben, wenn die **Betonung** (auch) auf dem **zweiten** Bestandteil liegt.

> vorwärts einparken, übereinander reden, miteinander leben

Verbindungen aus ... + Adjektiv/Partizip

Verbindungen aus **Adjektiv + Adjektiv/ Partizip** werden **zusammengeschrieben**, wenn der erste Bestandteil die **Bedeutung verstärkt/vermindert**.

> bitterkalt, dunkelrot, superleicht, brandneu

„nicht"

kann mit einem **Adjektiv/Partizip getrennt oder zusammengeschrieben** werden. Auch der Gebrauch des **Bindestrichs** ist möglich.

die nicht berufstätige / nichtberufstätige / nicht-berufstätige Mutter, die nicht amtliche / nichtamtliche / nicht-amtliche Mitteilung, die nicht öffentliche / nichtöffentliche / nicht-öffentliche Sitzung

Verbindungen aus **Substantiv + Adjektiv/ Partizip** werden **zusammengeschrieben**, wenn der erste Bestandteil für eine **Wortgruppe** steht oder in dieser Form **nicht selbstständig** vorkommt.

hitzebeständig (= gegen Hitze beständig)
angsterfüllt (= von Angst erfüllt)
freudestrahlend (= vor Freude strahlend)
sturmerprobt (= im Sturm erprobt)
luftgekühlt (= mit Luft gekühlt)

Verbindungen mit **Fugenelement** werden **immer zusammengeschrieben**.

hoffnungsvoll, lebensbedrohlich,
freiheitsliebend; sonnenarm

Sonderfälle

Verbindungen mit **irgend-** werden im Normalfall **zusammengeschrieben**.

> irgendwer, irgendwo, irgendwann, irgendetwas, irgendjemand
> **Aber:** irgend so ein, irgend so etwas, wenn irgend möglich

so, wie, zu + **Adjektiv/Adverb** werden **getrennt** geschrieben.

> so viel, so viele; wie viel, wie viele; zu viel, zu viele

Zusammenschreibung von „soviel“ u. dgl.

beim Wechsel der Wortart
→ **Konjunktion**

Soviel mir bekannt ist, …
Soweit ich erfahren habe, …
Sofern das Wetter so bleibt, …

Bestimmte Verbindungen aus **Präposition + Substantiv** können **zusammen- oder getrennt** geschrieben werden.

aufseiten / auf Seiten,
vonseiten / von Seiten,
mithilfe / mit Hilfe,
zugunsten / zu Gunsten,
zuungunsten / zu Ungunsten,
zulasten / zu Lasten,
außerstande / außer Stande (sein),
imstande / im Stande (sein),
infrage / in Frage (stellen),
instand / in Stand (setzen),
zugrunde / zu Grunde (gehen),
zuleide / zu Leide (tun),
zumute / zu Mute (sein),
zurande / zu Rande (kommen),
zuschanden / zu Schanden (machen),
zustande / zu Stande (bringen),
zutage / zu Tage (fördern),
zuwege / zu Wege (bringen)

Zusammensetzungen mit **Einzelbuchstaben**, **Abkürzungen** und **Ziffern müssen** mit **Bindestrich** geschrieben werden.

T-Shirt, O-Beine, i-Punkt, Genitiv-s, Dehnungs-h; Pkw-Fahrer(in), UN-Resolution, Fußball-WM; 10-jährig, (der/die) 10-Jährige, 2-mal, 3-Tonner

„-fach“ und „Jahr“

können **mit und ohne Bindestrich** geschrieben werden.

5-fach/5**f**ach, (das) 5-Fache/5**f**ache;
(die) 90er-Jahre/90er **J**ahre,
(in den) 90er-Jahren/90er **J**ahren

Mit **Durchkopplungsbindestrich** wird geschrieben

- in **Zusammensetzungen** mit **Einzelbuchstaben**, **Abkürzungen** und **Ziffern,**
- in **Zusammensetzungen** mit **aneinandergereihten Substantiven** sowie
- in **unübersichtlichen Zusammensetzungen** mit **substantivierten Infinitiven**.

> C-Dur-Tonleiter, E-Mail-Verkehr, S-Bahn-Station, K-o.-Schlag, 3-Zimmer-Wohnung, 100-Jahr-Feier; Mensch-ärgere-dich-nicht-Spiel, Gewinn-und-Verlust-Rechnung; das In-den-April-Schicken
> **Aber:** das I**nk**raf**tt**reten

Unübersichtliche Zusammensetzungen können mit **Bindestrich** geschrieben werden.

> Mehrwertsteuer-Rückerstattung/
> Mehrwertsteue**rr**ückerstattung,
> Kraftfahrzeug-Haftpflichtversicherung/
> Kraftfahrzeu**gh**aftpflichtversicherung

Zur **Vermeidung** von **Missverständnissen** kann mit **Bindestrich** geschrieben werden.

Druck-Erzeugnis (etwas Gedrucktes) ≠
Drucker-Zeugnis (Zeugnis eines Druckers)

Beim Zusammentreffen von **drei gleichen** Buchstaben **kann** mit **Bindestrich** geschrieben werden.

Schiff-Fahrt/Schi**fff**ahrt,
Schott-Transport/Scho**ttt**ransport,
Geschirr-Reiniger/Geschi**rrr**einiger;
Armee-Einheit/Arm**eee**inheit,
Kaffee-Ersatz/Kaff**eee**rsatz,
Hawaii-Inseln/Hawa**iii**nseln

Zur **Hervorhebung** von einzelnen Bestandteilen **kann** mit **Bindestrich** geschrieben werden.

Hoch-Zeit (Blütezeit) ≠ Hoc**hz**eit

Lange Vokale

Der **lange Vokal** wird in einigen Wörtern durch die **Verdoppelung** der Buchstaben **a**, **e** und **o** gekennzeichnet.

> **Aa**l, H**aa**r, P**aa**r; B**ee**t, T**ee**, l**ee**r; B**oo**t, Z**oo**, d**oo**f

Umlaute

werden dagegen **nicht** verdoppelt.

H**ä**rchen, P**ä**rchen, B**ö**tchen

Der **lange Vokal** wird in vielen Wörtern durch ein **h** gekennzeichnet. Man spricht von einem **Dehnungs-h**.

> Das Dehnungs-h steht häufig vor
>
> - **l** Me**h**l, Stu**h**l, Za**h**l, befe**h**len, stra**h**len
> - **m** Le**h**m, Ra**h**men, ne**h**men, rü**h**men, za**h**m
> - **n** Lo**h**n, So**h**n, Za**h**n, de**h**nen, wo**h**nen
> - **r** Bo**h**rer, Gebü**h**r, O**h**r, fa**h**ren, gefä**h**rlich

Wörter mit **qu**, **sch** oder **sp** am **Wortanfang**

werden **ohne Dehnungs-h** geschrieben.

Quader, **qu**er; **Sch**al, **sch**on; **Sp**ur, **sp**aren

Das **lange i** wird in vielen Wörtern durch **ie** gekennzeichnet.

| B**ie**ne, Sp**ie**l, Z**ie**l, fl**ie**gen, z**ie**rlich

Das **lange i** wird in wenigen Fällen als **ih** oder **ieh** wiedergegeben.

| **ih**m, **ih**n, **ih**nen, **ih**r; V**ieh**, fl**ieh**en, w**ieh**ern, z**ieh**en

Das **lange i** wird in den meisten **Fremdwörtern** als **einfaches i** wiedergegeben.

Benzin, Krise, Krokodil, Souvenir, Tiger, Ventil

Fremdwörter mit **-ine**

werden ebenfalls mit **einfachem i** geschrieben.

Kantine, Maschine, Praline, Rosine, Turbine, Violine

Fremdwörter mit betontem **-ie, -ier, -ieren**

werden dagegen mit **ie** geschrieben.

Garantie, Industrie; Klavier, Revier; diktieren, produzieren

Bedeutungsunterschiede:

wieder (= nochmals, erneut) ≠ wider (= [ent]gegen)
Wiedergabe, Wiederholung, Wiederverwertung ≠ Widerruf, Widerstand, widerspiegeln

Kurze Vokale

Nach einem **kurzen Vokal** wird der folgende **Konsonant** in sehr vielen Wörtern **verdoppelt**.

E**bb**e, Pu**dd**ing, Sto**ff**, Ka**mm**, Ta**nn**e, ho**ff**en, he**ll**, begi**nn**en, sta**rr**, re**tt**en

In **einheimischen** Wörtern werden aus **kk** → **ck** und aus **zz** → **tz**.

Bä**ck**er, Da**ck**el, le**ck**er; Ka**tz**e, Hi**tz**e, he**tz**en

ck und **tz** stehen **nicht** nach

- **l**, **m**, **n** und **r**

  Bal**k**en, Im**k**er, dan**k**en, mer**k**en; Pel**z**, Tan**z**, Her**z**

- **Diphthongen**

  Hei**z**ung, Schnau**z**e, bei**z**en, rei**z**en

In den meisten **Fremdwörtern** steht ein **einfaches k**.

Di**k**tat, Do**k**tor, Inse**k**t, Musi**k**, Republi**k**, Se**k**t

Fremdwörter mit **kk** und **zz**

sollte man sich am besten gesondert einprägen. Hier eine Auswahl:

A**kk**ord, A**kk**usativ, Ma**kk**aroni, Mo**kk**a, Sa**kk**o; Ja**zz**, Me**zz**osopran, Pi**zz**a, Ra**zz**ia, Ski**zz**e

In einigen **einsilbigen** Wörtern steht trotz des vorangehenden **kurzen Vokals** nur **ein Konsonant**. Dies gilt auch für **Fremdwörter**.

a**b**, a**n**, bi**s**, i**m**, i**n**, ma**n**, mi**t**, o**b**, u**m**, vo**m**, vo**n**; Bu**s**, Flo**p**, Ga**g**, Hi**t**, Jo**b**, to**p**

Aber: flo**pp**en, jo**bb**en, to**pp**en

Umlaute und Diphthonge

Wörter werden im Normalfall mit **ä** geschrieben, wenn ein **verwandtes Wort** mit **a** existiert.

> F**ä**lle (→ F**a**ll), H**ä**nde (→ H**a**nd), St**ä**rke (→ st**a**rk), G**ä**mse (→ G**a**ms), St**ä**ngel (→ St**a**nge)
>
> **Aber:** **E**ltern ≠ **a**lt, schw**e**nken ≠ schw**a**nken

Mit e oder ä kann man schreiben:

aufw**e**ndig/aufw**ä**ndig, Sch**e**nke/Sch**ä**nke

Wörter werden im Normalfall mit **äu** geschrieben, wenn ein **verwandtes Wort** mit **au** existiert.

> B**äu**me (→ B**au**m), H**äu**ser (→ H**au**s), Gr**äu**el (→ Gr**au**en), schn**äu**zen (→ Schn**au**ze)
>
> **Aber:** Kn**äu**el, S**äu**le, r**äu**spern, str**äu**ben

Wörter mit **ei** werden im Normalfall mit **e + i** geschrieben. In wenigen Fällen wird mit **a + i** geschrieben.

> Am**ei**se, Br**ei**, Kl**ei**d, L**ei**m, Z**ei**t, **ei**ns, zw**ei**, be**ei**len; H**ai**, H**ai**n, K**ai**ser, L**ai**ch, Lak**ai**, M**ai**d, M**ai**s, T**ai**fun

Bedeutungsunterschiede:

L**ei**b (= Körper) ≠ L**ai**b (= Brotl**ai**b),
S**ei**te (= Buchs**ei**te) ≠ S**ai**te (beim Streichinstrument)

Wörter mit ss und ß

Grundregel zur Frage „ss oder ß?"

Das **stimmlose s** wird als **ss** und **ß** wiedergegeben.

Hierbei gilt:

- **ss** → nach **kurzem**, **betontem** Vokal

  Fa**ss**, Flu**ss**, Nu**ss**, e**ss**en, la**ss**en, mu**ss**, na**ss**
- **ß** → nach **langem** Vokal oder **Diphthong**

  Fu**ß**, Gru**ß**, Stra**ß**e; au**ß**en, anschlie**ß**end

Unterschiedliche Längen des Vokals vor dem s-Laut

führen in einigen Wortstämmen zu einem **Wechsel** in der Schreibung.

beschlie**ß**en – (er/sie) beschlo**ss** – der Beschlu**ss**
flie**ß**en – (es) flo**ss** – der Flu**ss** – das Flo**ß**
gie**ß**en – (es) go**ss** – der Gu**ss**
me**ss**en – (er/sie) mi**ss**t – das Ma**ß**
rei**ß**en – (er/sie) ri**ss** – der Ri**ss**
schie**ß**en – (er/sie) scho**ss** – der Schu**ss**
verge**ss**en – (er/sie) verga**ß** – verge**ss**lich
wi**ss**en – (er/sie) wei**ß** – (er/sie) wu**ss**te

Der Gebrauch von GROSSBUCHSTABEN

führt beim **ß** zum Ersatz durch **SS** oder zur Verwendung des GROẞBUCHSTABENS **ẞ**:

GRO**SS**BUCHSTABE/GRO**ẞ**BUCHSTABE

Grundregel zur Frage „das oder dass?“

Die Schreibung von **das** und **dass** ist von der jeweiligen **Wortart** abhängig.

Hierbei gilt:

- **das** → **bestimmter Artikel**

  der Mann, die Frau, **das** Kind

- **das** → **Relativpronomen**

  Das Sofa, **das** wir gekauft haben, ist bequem.

  Test:

  Das Sofa, **welches** wir gekauft haben, ist bequem.

- **das** → **Reflexivpronomen**

  Bitte wiederholen Sie **das** nochmals.

- **dass** → **Konjunktion**

  Wir sind davon überzeugt, **dass** Sie nun „das" und „dass" richtig verwenden!

Wörter mit d und t

Grundregel zur Frage „end- oder ent-?"

Mit **d** werden Ableitungen/Zusammensetzungen geschrieben, die mit **Ende** in Verbindung stehen. Mit **t** wird dagegen die **Vorsilbe** geschrieben.

> **End**silbe, **End**spurt, **end**gültig, **end**lich, un**end**lich ≠ **Ent**gelt, **Ent**lassung, **ent**behren, **ent**fernen, **ent**fliehen

Grundregel zur Frage „seid oder seit?“

seid ist eine Form des Verbs **sein**.
seit ist eine **Präposition** oder **Konjunktion**.

Ich hoffe, dass ihr gut gelandet **seid**. ≠

Seit dieser Zeit haben wir nichts mehr gehört.

Seit sie regelmäßig liest, hat sich ihre Orthografie verbessert.

Grundregel zur Frage „tod- oder tot-?“

Mit **d** werden Zusammensetzungen mit dem **Substantiv** **Tod** geschrieben. Es handelt sich dabei im Normalfall um **Adjektive**.

Mit **t** werden Zusammensetzungen mit dem **Adjektiv** **tot** geschrieben. Es handelt sich dabei im Normalfall um **Verben**.

todernst, **tod**krank, **tod**müde, **tod**schick, **tod**sicher ≠
totarbeiten, **tot**fahren, **tot**lachen, **tot**schlagen

Grundregel zur Frage „-and/-end oder -ant/-ent?“

Bei **Fremdwörtern** mit den Endungen **-and/-end** wird die **passive** Bedeutung zum Ausdruck gebracht. Diese Wörter stehen für Personen, **mit denen etwas geschehen soll**.

Bei **Fremdwörtern** mit den Endungen **-ant/-ent** wird die **aktive** Bedeutung zum Ausdruck gebracht. Diese Wörter stehen für Personen, **die selbst etwas machen.**

> Konfirm**and**, Prob**and**; Promov**end** ≠ Gratul**ant**, Labor**ant**; Dirig**ent**

Die Satzschlusszeichen

Mit den drei **Satzschlusszeichen**

- **Punkt** .
- **Ausrufezeichen** !
- **Fragezeichen** ?

werden in den meisten Fällen unterschiedliche **Satzarten abgeschlossen**.

Hierbei gilt:

- nach **Aussagesätzen** → .
- nach **Ausrufe-/Aufforderungssätzen** → !
- nach **Fragesätzen** → ?

> Mit den drei Satzschlusszeichen werden unterschiedliche Satzarten abgeschlossen.
>
> Herzlichen Glückwunsch!
>
> Schreibt man „widerspiegeln“ mit „i“ oder „ie“?

Überschriften und Titel

werden **ohne** Satzschlusspunkt geschrieben.

Wenn der Beruf zur Berufung wird (Überschrift)

Der Bildungswortschatz (Buchtitel)

Ausrufezeichen und **Fragezeichen** werden dagegen gesetzt:

Es kommt anders, wenn man denkt! (Buchtitel)

Kommt es zu einer Reform der Reform? (Überschrift)

Zusammentreffen von Abkürzungs- und Satzschlusspunkt

→ **ein Punkt** entfällt

Gerhard Schröder ist Bundeskanzler a. D.

Dieser Abschnitt behandelt Punkt, Komma usw.

Das Satzmittezeichen

Das **Komma** wird zwischen den Teilen einer **Aufzählung** gesetzt, wenn diese **nicht** durch **und** bzw. **oder** verbunden sind.

Mit den Satzschlusszeichen Punkt, Ausrufezeichen, Fragezeichen werden unterschiedliche Satzarten abgeschlossen.

Aber:

Mit den Satzschlusszeichen Punkt, Ausrufezeichen **und** Fragezeichen werden unterschiedliche Satzarten abgeschlossen.

Aufgezählte Adjektive als Attribute

werden mit **Komma** voneinander getrennt, wenn sie **gleichrangig** sind. In diesen Fällen lässt sich das **Komma** durch **und** ersetzen; durch einen **Tausch der Adjektive** verändert sich **nicht** der Sinn.

ein zuverlässiger, langjähriger Mitarbeiter
= ein zuverlässiger **und** langjähriger Mitarbeiter
= ein langjähriger, zuverlässiger Mitarbeiter

Aber:

die aktuelle wirtschaftliche Situation
~~die aktuelle **und** wirtschaftliche Situation~~
~~die wirtschaftliche aktuelle Situation~~

Appositionen werden in **Kommas eingeschlossen**.

> Vor 500 Jahren veröffentlichte Martin Luther, der „theologische Urheber der Reformation", 95 Thesen wider den Missbrauch des Ablasses.

Das **Komma** wird zwischen **Satzteilen** gesetzt, die durch **Konjunktionen** mit **entgegensetzender Bedeutung** miteinander verbunden sind.

> Zu diesen Konjunktionen gehören beispielsweise **aber**, **doch**, **jedoch** und **sondern**.
>
> Die neue Wohnung ist groß, aber/doch/jedoch kaum erschwinglich.
>
> Das Smartphone ist nicht silbern, sondern grau.

Das **Komma** wird zwischen **Satzteilen** gesetzt, die durch **mehrteilige anreihende Konjunktionen** miteinander verbunden sind.

Zu diesen Konjunktionen gehören beispielsweise **einerseits** – **andererseits**, **nicht nur** – **sondern auch** und **teils** – **teils**.

Einerseits ist der Arbeitsplatz reizvoll, andererseits aber auch sehr anstrengend.

Der **erweiterte Infinitiv** mit **zu** wird mit einem **Komma** abgetrennt.

Dies gilt in den folgenden beiden Fällen:

- **Einleitung** der Infinitivgruppe mit **als**, **(an)statt**, **außer**, **ohne** oder **um**

Die Jugendlichen hatten nichts Besseres zu tun, als zu randalieren.

Er ging in die Kneipe, (an)statt zu arbeiten.

Ihm fiel nichts anderes ein, außer die bekannten Tatsachen zu wiederholen.

Sie sagte das, ohne mit der Wimper zu zucken.

Wir werden alles versuchen, um euch zu helfen.

- **Abhängigkeit** der Infinitivgruppe von einem **Substantiv**, **Verb**, **Adjektiv** oder **Verweiswort**

> Er spielte mit dem Gedanken, ein Studium zu absolvieren.
>
> Sie hatte den Wunsch, eine Weltreise zu machen.
>
> Denkst du bitte daran, die Blumen zu gießen?
>
> Die Regel zu beherrschen, das war ihr Ziel.
>
> Wir genießen es, lange zu frühstücken.

- Beim **nicht erweiterten Infinitiv** mit zu ist das **Komma** freigestellt.

> Er hat die Absicht[,] zu studieren.

Das **Komma** wird zwischen **Hauptsätzen** gesetzt.

> Ulrike schreibt ihre Facharbeit,
> Christian beantwortet E-Mails.

Hauptsätze mit und bzw. oder

können mit Komma voneinander getrennt werden, um die **Gliederung** des Satzes zu verdeutlichen.

Ulrike schreibt ihre Facharbeit, und Christian beantwortet E-Mails.

oder:

Ulrike schreibt ihre Facharbeit und Christian beantwortet E-Mails.

Das **Komma** wird zwischen **Haupt-** und **Nebensatz** gesetzt.

Wir glauben, dass Sie nun mit den wichtigsten Kommaregeln vertraut sind.

Dass Sie nun mit den wichtigsten Kommaregeln vertraut sind, glauben wir.

Das **Semikolon** wird zwischen längeren, inhaltlich **eng** miteinander verbundenen Sätzen gesetzt.

Das Semikolon steht anstelle des Punktes, wenn dieser zu stark trennt; es steht anstelle des Kommas, wenn dieses zu schwach trennt.

Das **Semikolon** wird in **Aufzählungen** gesetzt, um mehrere Wörter als **zusammengehörig** zu kennzeichnen.

> Die deutsche Sprache verfügt über die Artikel „der“, „die“, „das“; „ein“, „eine“.

Der **Doppelpunkt** wird gesetzt, um auf **etwas Kommendes** im Text hinzuweisen. Er kündigt u. a. die **direkte Rede** sowie **Zusammenfassungen** und **Schlussfolgerungen** an.

> Sie fragte: „Hast du Lust, heute mit mir ins Kino zu gehen?“
>
> Wir fassen zusammen: Der Doppelpunkt wird gesetzt, um auf etwas Kommendes im Text hinzuweisen.
>
> Wie schon gesagt: Morgenstund hat Gold im Mund.

Der **Gedankenstrich** wird gesetzt, um auf **etwas Unerwartetes** hinzuweisen oder den **Abbruch** einer **Rede** zu kennzeichnen.

> Plötzlich – ein lauter Knall!
>
> Das ist doch zum –!

Der **Gedankenstrich** wird gesetzt, um einen **Einschub** zu kennzeichnen.

> Wir glauben – und hier sind wir mit unserer Ansicht in guter Gesellschaft –, dass dieses System verbesserungsbedürftig ist.

Die paarigen Satzzeichen

In **Klammern** werden **Erläuterungen** zu Wörtern und Sätzen gesetzt.

> Die Interpunktion (Zeichensetzung) bereitet manchen Schwierigkeiten.
>
> Die Regeln zum Gebrauch des Apostrophs (Auslassungszeichens) folgen auf der nächsten Seite.

Die **Anführungszeichen** stehen bei der **direkten Rede**, bei **Zitaten** und zur **Hervorhebung** von **Wörtern**.

> Er sagte: „Das Notebook ist defekt.“
>
> „Das Notebook ist defekt“, sagte er.

„Um 14 Uhr“, erwiderte sie, „wird sich einer der Techniker darum kümmern.“

Der verstorbene Bundespräsident Roman Herzog forderte: „Durch Deutschland muss ein Ruck gehen.“

„Galerie“ wird mit einem „l“ geschrieben.

Der Apostroph

Der **Apostroph** zeigt das **Fehlen** eines oder mehrerer **Buchstaben** an und kennzeichnet den **Genitiv** von Namen, die auf **s**, **ss**, **ß**, **tz**, **z**, **x** oder **ce** enden.

’s war ’ne tolle Veranstaltung!
D’dorf, Ku’damm, Lu’hafen;
Lukas’ Geburtstag, Franz’ Bruder

Aber: ans, aufs, fürs, ins, vorm

Einheimische Wörter

Nicht zusammengesetzte Wörter werden nach **Sprechsilben** getrennt.

Vie-le Wör-ter kön-nen Sie tren-nen.

Hierbei gilt:

- **einzelner Konsonant** → auf die **neue** Zeile:

  vie-le, sie-ben, le-sen, Na-se, Ho-se, Schna-bel

- **mehrere Konsonanten** → der **letzte** Konsonant auf die **neue** Zeile:

  Wör-ter, kön-nen, tren-nen, fin-den, sit-zen

„ch", „sch" und „ck"

werden **nicht** getrennt.

Bü-cher, Sa-chen; Men-schen, na-schen; Bä-cker, Zu-cker

Ein einzelner Vokal am Wortanfang/-ende wird **nicht** abgetrennt.

~~A-bend, O-fen, ü-ber; De-o, Klei-e, Reu-e~~

Zusammengesetzte Wörter werden nach ihren **sprachlichen Bestandteilen** getrennt.

Zu-cker-bä-cker,
Wort-tren-nung,
Zei-len-en-de

Zusammensetzung – ja oder nein?

Wörter, die **nicht** mehr als **Zusammensetzungen** erkannt werden, können **auch** nach **Sprechsilben** getrennt werden.

da-rum/dar-um, he-ran/her-an,
hi-nauf/hin-auf, ei-nan-der/ein-an-der

Nicht zusammengesetzte Fremdwörter werden ebenfalls nach **Sprechsilben** getrennt.

| Auf dem Bal-kon im Ho-tel steht ein Tou-rist.

Konsonant + l, n, r

trennen oder auf die **neue** Zeile.

Zyk-lus/Zy-klus, Mag-net/Ma-gnet, Hyd-rant/Hy-drant

Zusammensetzung – ja oder nein?

Fremdwörter, die **nicht** mehr als **Zusammensetzungen** erkannt werden, können **auch** nach **Sprechsilben** getrennt werden.

He-li-kop-ter/He-li-ko-pter, Chry-san-the-me/Chrys-an-the-me

Satzschlusszeichen: Punkt, Ausrufezeichen, Fragezeichen

Vor **Satzschlusszeichen** steht **kein** Leerzeichen.

Der Punkt kennzeichnet das Ende eines Aussagesatzes.

Kein Leerzeichen vor Satzschlusszeichen!

Haben Sie das Fragezeichen entdeckt?

Satzmittezeichen: Komma, Doppelpunkt, Semikolon

Vor **Satzmittezeichen** steht **kein** Leerzeichen.

Kurz und bündig: Dieses Kapitel erläutert die wichtigsten Regeln zur Mikrotypografie, die Sie beherzigen sollten; auch zum Nachschlagen in Zweifelsfällen geeignet.

Paarige Satzzeichen: Klammern

Zwischen **Klammer** und Textteil
steht **kein** Leerzeichen.

Die Klammern (in runder und eckiger Form) stehen ohne Leerzeichen zwischen den [von Ihnen eingeschlossenen] Textteilen.

Paarige Satzzeichen: Anführungszeichen

Zwischen **Anführungszeichen** und Textteil steht **kein** Leerzeichen.

Auf der Homepage ist zu lesen: „Diese Veröffentlichung präsentiert die wichtigsten Regeln zur Mikrotypografie, und das unter dem Motto ‚Wir sind Gutenberg!‘“

Paarige Satzzeichen: Anführungszeichen

Achten Sie auf die korrekte **Form** der **Anführungszeichen**:
99/9 unten – 66/6 oben, Spitzen nach innen.

„X“ »X« ‚X‘ ›X‹

Wortzeichen: Auslassungszeichen

Vor und nach **Auslassungszeichen**, die für ausgelassene Textstellen stehen, **Leerzeichen** setzen.

Vor und nach Auslassungszeichen ... Leerzeichen setzen.

↑ immer **3** Auslassungspunkte

Wortzeichen: Apostroph

Am **Wortanfang** vor dem **Apostroph** ein Leerzeichen setzen. Im **Wortinneren** vor dem **Apostroph** kein Leerzeichen setzen.

So **'n** Zufall! – Wir haben uns auf 'm Ku'damm gleich getroffen!

Form: Der Apostroph ist ein ↑Hoch↑komma.

Wortzeichen: Schrägstrich

Vor und nach dem **Schrägstrich kein** Leerzeichen setzen. **Ausnahme:** Bei Wortgruppen **können** Leerzeichen stehen.

Wintersemester 2024/2025

Ende Januar/Anfang Februar

oder:

Ende Januar / Anfang Februar

Strichlängen: Kurzstrich

Der **Kurzstrich** wird als **Bindestrich** verwendet.

In Zusammensetzungen:

3-mal, 12-jährig; km-Stand, Abt.-Ltr.; E-Mail, Dehnungs-h

Als Durchkopplungsbindestrich:

Kopf-an-Kopf-Rennen, 85-Cent-Briefmarke

Als Ergänzungsstrich:

Vor- und Nachteile, bergauf und -ab

Strichlängen: Kurzstrich

Der **Kurzstrich** wird als **Trennstrich** verwendet.

Auf sinn-ent-stel-len-de Wort-tren-nun-gen wie „Stiefel-tern“ oder „Spargel-der“ soll-ten Sie ver-zich-ten.

Strichlängen: Langstrich

Der **Langstrich** wird als **Gedankenstrich** verwendet.

Bei Einschüben:

Die Regeln zum Gebrauch des Kurz- und Langstrichs sollten – wie hier dargestellt – in Ihren Texten Verwendung finden.

Beim Gedanken- und Sprecherwechsel:

Wir kommen zum nächsten Punkt in unserer heutigen Sitzung. – Wo ist eigentlich Herr B.?

Ist hier jemand? – Ja, hier!

Strichlängen: Langstrich

Der **Langstrich** steht im Sinne von „bis" bzw. „gegen".

Bis-Strich:

Sprechstunde: Montag – Freitag
9 Uhr – 12 Uhr

oder:

Sprechstunde: Montag–Freitag
9 Uhr–12 Uhr

Gegen-Strich:

Jahn Regensburg – Hannover 96

Zahlen und Ziffern: Gliederung von Zahlen

Zahlen ab **fünf Stellen** werden in **Dreiergruppen** durch ein **Leerzeichen** gegliedert. Bei **Geldbeträgen** wird mit einem **Punkt** gegliedert.

1234	→	keine Gliederung
12 345	→	Gliederung in Dreiergruppen
12.345	→	Gliederung mit Punkt

Zahlen und Ziffern: Prozent und Promille

Prozent- und Promilleangaben werden mit den Zeichen **%** und **‰** wiedergegeben. Vor den beiden Zeichen steht ein **Leerzeichen.**

5 % = 50 ‰

Aber: Verlassen Sie sich nicht 100%ig auf diese Regel!

↑

kein Leerzeichen bei einer Ableitung

Zahlen und Ziffern: Paragraf

Nach dem **Paragrafzeichen** steht ein **Leerzeichen**. Der **Plural** wird durch **zwei Paragrafzeichen** angezeigt.

§ 1
§ 1 Abs. 2 Satz 4
§§ 1–3

Zahlen und Ziffern: Telefon- und Telefaxnummern

Telefon- und Telefaxnummern werden mit **Leerzeichen** zwischen **Vorwahl** und **Rufnummer** geschrieben. Möglich ist auch eine Gliederung in **Zweiergruppen** von **rechts** nach **links,** wobei die **Vorwahl** in **runden Klammern** steht.

Telefon 0123 45678 nach DIN

Telefon (01 23) 4 56 78 traditionell

Zahlen und Ziffern: Internationale Kontonummer IBAN

Die **internationale Kontonummer IBAN** wird in **Vierergruppen** von **links** nach **rechts** gegliedert.

IBAN DE01 2345 6789 0123 4567 89

TEST

1 Entscheiden Sie sich für eine der zur Auswahl stehenden Schreibungen und springen Sie dann zu dem durch die Nummer bezeichneten Feld. – Viel Erfolg!

2 In orthografischen Zweifelsfällen werden Sie nicht mehr im ... tappen.

Dunkeln → 8
dunkeln → 15

3 **Falsch!**

Wieder zurück zu Nummer 5.

7 **Falsch!**

Wieder zurück zu Nummer 4.

8 **Richtig! – Weiter ...**

Unseren Urlaub werden wir in diesem Jahr im ... Wald verbringen.

bayerischen → 6
Bayerischen → 25

9 **Falsch!**

Wieder zurück zu Nummer 25.

13 **Richtig! – Weiter ...**

Er bewohnt eine ...

2 Zimmer-Wohnung → 21
2-Zimmer-Wohnung → 29

14 **Richtig! – Weiter ...**

In dieser Gegend ist es im Winter ...

bitter kalt → 10
bitterkalt → 30

15 **Falsch!**

Wieder zurück zu Nummer 2.

19 **Richtig!**

Geschafft! – Herzlichen Glückwunsch!

20 **Richtig! – Weiter ...**

Sie hat die Abteilung gewechselt, ... ich weiß.

soviel → 5
so viel →28

21 **Falsch!**

Wieder zurück zu Nummer 13.

25 **Richtig! – Weiter ...**

Über dieses Geschenk werden sich ... freuen.

beide → 14
Beide → 9

26 **Falsch!**

Wieder zurück zu Nummer 30.

27 **Richtig! – Weiter ...**

Dieser Job ist einfach nicht zu ...!

topen → 23
toppen → 12

4 Richtig! – Weiter …

Hat hier … das Smartphone liegen lassen?

irgendjemand → 20
irgend jemand → 7

5 Richtig! – Weiter …

Das ist … richtig.

100prozentig → 3
100-prozentig → 13

6 Falsch!

Wieder zurück zu Nummer 8.

10 Falsch!

Wieder zurück zu Nummer 14.

11 Falsch!

Wieder zurück zu Nummer 29.

12 Richtig! – Weiter …

Sie wohnt in dieser …

Straße → 16
Strasse → 24

16 Richtig! – Weiter …

Hierfür ist ein … zu entrichten.

Entgelt → 22
Endgelt → 18

17 Falsch!

Wieder zurück zu Nummer 22.

18 Falsch!

Wieder zurück zu Nummer 16.

22 Richtig! – Weiter …

Die … besuchte regelmäßig den Gottesdienst.

Konfirmantin → 17
Konfirmandin → 19

23 Falsch!

Wieder zurück zu Nummer 27.

24 Falsch!

Wieder zurück zu Nummer 12.

28 Falsch!

Wieder zurück zu Nummer 20.

29 Richtig! – Weiter …

Diese Gedanken werden die Lebensumstände …

wiederspiegeln → 11
widerspiegeln → 27

30 Richtig! – Weiter …

Er lief … auf sie zu.

Freude strahlend → 26
freudestrahlend → 4

200 WÖRTER, DIE HÄUFIG FALSCH GESCHRIEBEN WERDEN

A

Absorption
Accessoire
adäquat
Adresse
aggressiv
Akquise
Akupunktur
Akustik
Algorithmus
annullieren
Apparat
Appell
Armatur
Atmosphäre
Attrappe
autorisieren

B

Ballett
Bataillon
Beredsamkeit
Besenreiser
Billard
Biskuit
Blutgerinnsel
bombardieren
brillant

C

Cafeteria
Cappuccino
Champion
Chili
Chrysantheme
Croissant

D

definitiv
delegieren
detailliert
Dilettant
Diphtherie
Diphthong
duzen

E

Eiffelturm
Eigenbrötler
Einfaltspinsel
Ekstase
eliminieren
Ellipse
E-Mail
Emission
endgültig
Entgelt
Etymologie

F

Facette
Fauxpas
filigran
Fisimatenten
frönen
Frondienst
Fronleichnam
Furnier
Fußball

G

Galerie
Galionsfigur
galoppieren
Garderobe
Gedächtnis
Gelatine
Geratewohl
Gratwanderung
Griesgram
Grieß
grölen
Grüße

H

Häkchen
Halloween
hanebüchen
Hawaii
Hobbys
Holunder
Hommage
Hotellerie
Hypotenuse

I

Immission
Informant
Ingenieur
injizieren
in puncto
Interesse
inwieweit

J

Jackett
Jalousie

K

Kapuze
Karikatur
Karosserie
Karussell
Kenntnis
kolossal
Komitee
Kommilitone
Kommissar
Konfirmand
Konkurrenz
korrigieren
Koryphäe
krakeelen
Kreißsaal
Küken
kumulieren

L

Lappalie
Libyen
Liechtenstein
Litfaßsäule
lizenzieren
Loser

M

Maschine
Matratze
Mayonnaise
Millennium
Mobiliar
morgendlich
Mozzarella